봄을 타나요

박종명 시집

봄을
타나요

초판 인쇄일 2020년 4월 25일
초판 발행일 2020년 3월 25일
지은이 박종명
발행인 박근정
발행처 심상
06788 서울특별시 서초구 강남대로2길 7(청암빌딩 2층)
TEL. 02-3462-0290
FAX. 02-3462-0293
출판등록 제라-1696

값 11,000원
ISBN 979-11-85659-19-0 03800
※저자와의 협약에 의해 별도 인지를 생략합니다.

이 도서의 국립중앙도서관 출판예정도서목록(CIP)은 서지정보유통지원시스템 홈페이지(http://seoji.nl.go.kr)와 국가자료종합목록 구축시스템(http://kolis-net.nl.go.kr)에서 이용하실 수 있습니다. (CIP제어번호 : CIP2020009120)

봄을 타나요

박종명 시집

시인의 말

―

얼었던 흙이
봄볕 새소리에
움찔

그대와 나
시선 닿는 곳마다
솟는 울음

울음소리에
비로소 트는
한 칸
마음 길

2020년 이른 봄
박종명

차례

▨ 시인의 말

1부 봄을 타나요

남춘천 / 13
봄을 타나요 / 14
석부작 / 16
의자 / 18
새순 / 19
하늘 맑음 / 20
오월의 엽서 / 21
산행 / 22
폭염 / 23
그래도 돼 /24
장마 / 25
환절기 / 26
전나무 / 27
가을 사마귀 / 28
가을비 / 30
바다와 소녀 / 31

구인광고 / 32
겨울나무 / 33
빈 의자 / 34
해시계 사랑 / 35
지음 / 36
선인장 / 37
집짓기 / 38
창 밖의 여자 / 40
이불 두 겹 / 41
살아야지 / 42
한 끝 차이 / 44

2부 네 곁의 언어로

느티나무와 마주 서다 / 47
그러는 것 / 48
허무를 만지는 봄밤 / 49
공룡 아이 / 50
짝사랑 / 52
불면의 이유 / 54
사랑 거리 / 55

겨울새 / 56

B612호 새댁 / 57

동행 / 58

어머니의 알람 / 60

어머니의 새벽 / 61

어머니의 화원 / 62

앵두 따기 / 63

파도 / 64

아버님의 침묵 / 66

배려 / 68

효도 / 69

손 / 70

편의점 아저씨 / 71

키다리 아저씨 / 72

설거지 권사님 / 74

중계동 104마을 / 76

연탄을 나르며 / 78

바다는 / 79

마누카 / 80

링반데룽의 늪 / 81

상고대 / 82

3부 바람이 불 때면

휴식 / 85
쥐똥나무 숲길로 오세요 / 86
비 묻어간다 / 88
산국농장 / 89
단풍제 / 90
길을 찾아 / 91
다랭이 마을 촌부 / 92
청산도 / 94
선상낚시 / 95
정발산 / 96
조양방직카페 / 98
템스강 / 100
세체니 다리 / 101
톤레샵 호수 / 102
오클랜드 사람 / 103
아, 독도의용수비대 / 104
운현궁 / 106
성게미역국 / 108

4부　오솔길에서

하루의 무게 / 111
정년 / 112
회갑 / 114
버킷리스트 / 115
촛대봉 / 116
마시오 / 118
시간의 부피 / 120
탈춤마루 / 122
신풍류 / 124
반딧불이 / 126

시평

솔직한 울음 순정한 울림으로
초심의 원형을 묻다 / 131

1부 봄을 타나요

내 안에 무단으로 들어온 봄이
댕그랑 돋습니다

남춘천

남춘천 호숫가에
이야기를 띄우던
아낙

호수에 담긴 달을
느루 잡아
퍼 올리다가

이야기도
달도
그만
사륵사륵 부서져

빈손만
바라보다가
돌이 되었다

봄을 타나요?

얼었던 흙이 풀릴 때쯤이면
마음 길 트일까요?

기억 한 잎만으로
닫힌 문을 두드립니다

손톱 뜯으며 썼다가 지우는
이력서 여백 위로
찬비 내리는 소리 고이고

열린 창문 틈으로 비집는 봄새 몇
작은 눈 맞추면
눌렀던 울음 터질까요?

마음도 이골이 나서
이젠 기울지 말라고 합니다
기댈 것 없이 사라진 시간
그저 비우라고 합니다

물관을 열고
밤새 길어올리면
늦깎이 상처까지 어쩌면
아슴아슴 아물까요?

당신도 봄을 타나요?

석부작(石附作)

돌틈
서걱거리던 가슴에
새 길 트고

그 길 위에다
속앓이
옹알옹알 풀어놓았다

찬비 맞으며
지나버린 것들을
시리도록 건네다가

밤도 잊고
잠도 잊고

뜬눈으로 함께
돌 꽃 몇 송이 피울까
구붓구붓
엮어가는
나무와 돌

생판 몰랐던
너와 나는
아무래도 석부작이다

의자

고단한 몸 풀다

시간이
잠시
똬리 틀고

바람도
내리고

살아온 것들이
살아야 하는 것들에
손짓하고

긴 기다림으로 쩐
유배의 자리

새순

봄이
처마 끝을 비스듬히
타고 내려와
풍경을 흔듭니다

내 안에 무단으로 들어온
봄이
댕그랑
돋습니다

하늘 맑음

맑은 날
우듬지마다
둥지를 지었다가 허문다

호이 호오
포르릉 안겼다가
샐쭉 삐치는
새소리

구름 많음, 내 인생
오늘만은 쾌청이다

오월의 엽서

오월 속으로
쏘옥 날아든
초록색깔 엽서

엽서에 박힌 모음 하나
몰래 꺼내어
이파리 위에
올려놓았더니

여린 잎새
그만
오월 하늘을
도르르 말아 안았다

산행

위로 한 길 더 내며
마음 한 겹 벗고

늦봄 여린 것들에 이야기 걸면
햇살도 잠시 멈추고

살아가는 일들
꼭 그만큼 아름차다

아래로 얹힌 길 내려보며
눈 찡긋
한숨도 내린다

폭염

땡볕의 한낮
울울한 숲도 땀을 흘린다
뚝뚝 시간을 지운다

감추고 감추었던
꿈 하나
우수수 쏟아진다

잊고 있던 아이가
숲 헤집고 나와

땡볕 아래
줄달음친다

그래도 돼

경기도, 강원도 경계를 타는
시냇물 따라 걷다가
가만가만 눈 감아도 돼

슬픔과 기쁨 사이
고단한 옷자락 걸쳐놓고
헤벌쭉 내 안으로 들어와도 돼

삶과 죽음의 경계마저도
저리 홀가분한 것을

이제는 말해도 돼
한세월을 쌓아온
너와 나의 경계가
얼마나 깊었는지

그래도 돼

장마

빗속으로 들어갑니다

주르륵
내가 쓸립니다

서성이던 발자국도
나를 쫓아 쓸립니다

주저앉았던 자리도
흠씬 젖다가
곡절 없이 쓸립니다

하늘이
엉엉 뚫렸습니다

환절기

가을이 그리워
여름을 물렸더니

아침에도 저녁에도
해만 떨어지면
덜덜덜 춥다

살갗에 돋는 소름
옹송그리다가 지친다

계절이 오가는
길목에서
떨며
지난 사랑을 부르다가

문득 사랑도
뒤편으로 숨어 보이지 않으면
그도 몹시 춥다는 걸
알겠다

전나무

굽지도
휘지도 못해서

멀뚱멀뚱
하늘 저 편만 지켜보며
서 있는 것이

내 마음자리
쏙 빼닮았다

꿈속에서도
키가 자라는지

올려보는 사이
성근 잎새 몇
툭툭
떨어진다

가을 사마귀

가랑잎 떨어지는 소리에
가만히 현관문을 여는데

사마귀 한 마리
가랑잎 대신
시침 뚝 따고 앉았다

하마터면 밟을 뻔
왼 발 오른 발
깽깽이발로 무작 뛰었다

그것 참 신기하기도 하지
절지동물인데도
뼛속까지 가을이다

어떻게 제 한 몸
온통 가을이 되었을까?

텅 비우면
나도 가을이 될까?

가을만 닮고자
여름내 곤두박질쳤을
몰입의 경지

가을 사마귀 대답은 않고
또르르
촉각을 세운다

가을비

가을비가
가슬가슬 속내를
적신다

치밀어 오르는 것들을
꾸욱꾸욱

날 선 가십들을
애써 지우고

내려앉는 것들 붙들고
목이 멘 날

가을비가
혼자 내린다

바다와 소녀

봄 바다 갯벌엔
바지락 두근두근 숨을 쉬고
까르르 봄 캐는 소녀들
수줍은 고백들이
너른 백사장에 박힌다

구인광고

오그린 한숨
시간은 비껴가고

하루가
완고하게 틈새를 닫아
통째로 구르고

여름이
쨍 기억을 지우고

잃어버린 내가
잃어버린 심장 찾아
뺑뺑이 돌고

내 모습 여전한데
나 여기 없고

어쩌지요?

겨울나무

낙엽진 가지로 이고 있는
빈 하늘
바람 따라 흔들릴 때
겨울나무는 긴 꿈을 꾼다

하늘은 썽글한 눈매로
내려다보고
강풍에 시달리는
나뭇가지의 항변
잠재우고 또 잠재우며
인고의 싹을 틔운다

나이테 하나
덧두르고
단단해진 살껍질로
겨울을 나선다

빈 의자

의자 두 개
벚나무 아래
등을 기대고 있다

곤한 하루가 쌓이고
멧새가
나뭇잎 물고와
팔랑 점을 찍는다

해질녘 그림자
다문 가슴 어루며
흔들린다

해시계 사랑

품속에
그림자 안고
서성이는 여인 하나

햇살이 자리를 옮길 때마다
드리우는 그림자 따라
사분사분 세월을 걷는다

해 넘어가면
어둠이 되어 어둠으로 숨어
초바늘과 금침 펴고 누워

걸어온 세월
걸어갈 세월
뜨겁게 몸 섞으며
흐느낀다

지음(知音)

눈빛만으로도
골 깊은 주름 속에서
생각을 짚어내고

옷자락만 살짝 들려도
속살을 느끼고

바람 소리 가벼워도
이는 마음까지
낱낱 들여다보는

그대

선인장

없는 것도 때론
이유가 되지
창가에 놓인 선인장
그걸 알려주지

가시투성이 손바닥으로
햇빛 한 종지 쓸어 담아
오롯하지

밑바닥에서
품어 올린 꽃이 겨워
옹알옹알 더 서럽지

틀거지 주름이 깊으면
아픔이 알싸하게
오늘을 때리지

집짓기

속내 탈탈 털어내고
비운 마음자리에 터 잡아
반듯하게 고르고
지경다지기를 한다

뜰을 만들어 토단을 다지고
앉은 그 자리에 주춧돌 놓고
기울지 않게 기둥 각을 세운다

소낙비 맞으며
한여름 견뎌낸 이야기
꼭꼭 다져 들여놓고
마룻대 올리다 보면
미처 들이지 못한
사연
가물가물 피고

거두지 않은 발싸심
와르르 기반 흔들릴까
조바심 나고

사람 하나 마음에 짓는 일이
되다

창 밖의 여자

한 여자가
걷는다

살아 있는 것은
속을 흔들며
섞는 것이라고

고개를 주억거리며
걷는다

창밖의 긍정이
풍경 속으로 번진다

이불 두 겹

춥다
이불 한 겹 더 얹어
썰렁한 마음 다독인다

두 겹 이불 덕인가
혼곤해진 잠이
불을 지피면

한 겹 차내고
또 한 겹 차내고

땀에 젖은 몸
뒤숭숭한 꿈으로
뒤죽박죽

이불 두 겹을
덮었다 벗었다
다스리는 일이

갱년기다

살아야지

살아야지
하고 싶은 일
꽃바구니에 가득 담아서
매월 초순
하나씩 꺼내어 보면
그 속엔
깃털 달고
늦가을 하늘 둥둥 나는
네가 보여
너도 내가 보여?

저물녘 그림자
편 가르기 말고
우리의 시간과 공간
모두 엮어서
길을 내는 거야
어릴 적 팡팡 뛰던
탄력으로
고무줄을 퉁기고
물구나무로 바라보아야지

칫솔 하나만 가지고도
가슴 떨린다는 사랑
한 번도 발화하지 못한 얘기
이렇게 서서
기다리고 있어
지금

한 끝 차이

천재와 천치
분수와 푼수는
자음과 모음 한 끝 차이

별일 아닌데
천치와 푼수가
천재와 분수를 떼밀고
자꾸 물구나무 선다

한 끝 차이가 벌린 간격만큼
비껴나 앉은 오늘
두 어깨가 심히 눌리고
두 눈은 짓무른다
별일 아닌데

2부 네 곁의 언어로

"
나무가 나무에게 말을 걸듯이
"

느티나무와 마주 서다

한겨울
오후 세 시
내 나이쯤 버텨 온
느티나무 앞에 다가섰다

아침 새소리
바람결에 속삭대는 햇빛소리
장대 빗소리
천둥소리로 덮어 온
속내를 들어주고 있다

'세상은 그래, 그렇더라고!'

나이테로 징징 쟁여온
이야기 새기다가
슬며시 햇살 한 줌 등에 얹고서

'그래, 그래!'
나무가 나무에게 말을 걸듯이

그러는 것

차 한 모금씩 남겨
서로 돌려 마시는 것

아픔도
똑같이 남겨 두는 것

찻잔을 부딪치고
나누다가

너의 눈에
고여 있는 무늬까지
듣는 것

허무를 만지는 봄밤

돌틈에 날아든 민들레 홀씨
잡풀에 얹힌 제비꽃
헛되고 헛되며 헛되나니
잠못 이루는 화가의 손끝에 담긴
Vanitas Landscape*

언 땅을 뚫는 새싹의
고단한 리듬
피아졸라 탱고
담장을 넘고

현관 밖에 귀를 세우는
노모의 하루
차 한 잔 시켜놓고
하릴없이 쪼개는 의미
지워져 버릴까
시인은 등불을 켜는데

조곤조곤
봄밤이 젖는다

*Vanitas Landscape :
화가 구경림의 〈바니타스 풍경화〉

공룡 아이

학교에서 상담을 하는데
커다란 공룡 집을 이고
한 아이가
상담실 문을 열었다

아무리 이야기를 해도
표정을 풀지 않다가
우우우
숨어버린다

그를 풀어낼
무슨 수가 없을까?

무엇이 그의 오감을
단단히 옭아
공룡 집 안에 들어 앉혔는지
몰라서

똑똑똑
문만 두드리는데

그 아이 울며
공룡 집을 이고
상담실 문을 겅중겅중 나간다

아무래도 불통(不通)을 풀
백악기 낱말 하나쯤
배워야겠다

짝사랑

책상에 앉았다

마주한 벽 아래
가지런히 놓인 축하분들이
눈에 든다

어떤 놈은
여물고

어떤 놈은
까칠까칠

어떤 놈은
저 혼자 까무룩

다 실한 중에
비실비실
쪽을 못 펴는 놈이 있다

눈을 감아도
그 놈만 보인다

불면의 이유

열대야, 불면의 밤
매미들의 기세에
아예 잠을 포기하기로 한다

온몸을 떨면서
온 밤내 울어제친다

꾹 다물었던 감정들이
일시에 쏟아진다

한 발짝 너머에서 넘겼던
10대들의 간절한 외침이
간간 섞인다

왜 잠을 못 자는지
왜 화를 내는 건지

오늘 밤에는
눈 질끈 감고
들어주기로 한다

사랑 거리

보고 싶어
당신과 나의 거리를
가뿐 좁힙니다

재지도 않고
주춤거리지도 않고
조금씩

그렇게
당신에게 다가설 때마다
나의 하루가
온통 일렁입니다

겨울새

어디선가 툭
나뭇가지 부러지는 소리

쌓인 눈 위로
낙엽 타고 미끄러지는 바람

경계를 풀어
옷깃 여미는 손길에 날아든
겨울새

부리를 허공에 박고
깃 틈만
기웃댄다

B612호 새댁

갓 지은 밥
서툰 상차림 위로
달빛 그득하다

새살림
온기 묻어나는 곳

온밤
눈보라가 덜컹
휘몰아쳐도

하루에도 몇 번씩 해 뜨는
작은 집

소행성
B612호* 새댁

*B612 : 프랑스 작가 생텍쥐페리 동화
『어린왕자』에 나오는 소행성

동행

여섯 살 때였나 보다
집에 있기 심심해서
맨날 아버지 가게에 갔다

저녁이면
엄마랑 집에 돌아오는데
그날따라
자꾸 눈이 감겼다

걷다가 그냥 눈을 감으면
허튼 데로 빠져서
죽을 것만 같아서

난 엄마 허리를
꽉 붙잡아야
눈을 감았다

그때부터
엄마가 가자는 곳
그게 어디든지

나는
눈감고 따라간다

어머니의 알람

새벽 다섯 시 반도 아닌데
시도 때도 없이 울린다

"일어나라."
"다섯 시 반이야. 어서 일어나라."

요즘 부쩍
깜빡깜빡하는 어머니의 알람

출근하는 막내딸
놓칠세라

새벽에도
오후에도
밤에도
쉼 없이 돌아간다

어머니의 새벽

어머니는 매일 첫새벽에
공책을 열고
흐린 눈 부비며
구구단을 쓴다

치매예방에 구구단이 그만이라고
이일은 이 구구는 팔십일
빼곡하게 써내려가며
달아나려는 것들을
단속한다

그날이 와도
시간이 까무룩 사라지지 않게
아들, 딸, 손자, 손녀 이름
하마 잊을까
구구단을 쓴다

요즘 아흔 어머니의 새벽은 온통
구구단이다

어머니의 화원

손도 곱고
눈도 침침
아흔 셋 어머니가
그림을 그린다

무궁화 피고
작은 새 깃든
어머니의 화원

굽은 것
상한 것
알록달록 기지개 펴고

묵은 것들도 깨어나는
한낮

그늘을 잊은
어머니의 화원에는
그림자가 없다

앵두 따기

퇴근한 딸
신발 벗기도 전에
뒤뜰 앵두 따오라며
등 떠미는
구순 어머니

가지마다 촘촘 달린
꽃방울들이
손을 대자
새큼하게 터지고

어머니 종일 기다렸을
댕기머리 고운 입술
시린 시절이
한 움큼
바가지에 담긴다

파도

제 한 몸 다 부수고
돌아간다

어디서부터였을까?
처음 그 사랑

그저
달려오다
바스라진 살갗이
희다

부서진다는 것이
허물어지는 것이어서
아프지만

어쩌면
부서져서 눈부신 것도 있다

어머니,
내 가슴 벽에
몇 번이고 부딪혀 부서진
멍이
부시도록 아리다

아버님의 침묵

아버님 가신 지
한 달

수제비도 갱식이도
드실 분 없이
주인 잃은 것들의 침묵이
무겁다

둘 곳 없는 시선
불꺼진 방 앞만
자꾸 서성이는데

드린 용돈
꼭꼭 숨겨
모았다가 주시곤

가슴 속
쟁여둔 말씀
어찌 다 묻었을까

며느리 힘들다고
봄방학 중
서둘러 먼 길 떠나셨나

떠나신 빈 자리에
봄꽃 피어나길
바라셨을까

뜰 앞 산수유 꽃가지마다
노란 눈물
가치작가치작
걸렸다

배려 −조문객에게−

예를 들면

가장 슬픈 때
울음을 삼키는 것

무심한 동행이
어떤 이에게는
공해라는 사실을
아는 것

때로는
무릎 굽혀
눈높이를 맞추는 것

배알까지 온통
네가 돼버리는 것

침묵

효도

부모 노릇 참 어렵다

살던 대로 하던 대로 하니
딱 바보다

어느 날 아들이 마음먹고
뚝딱

스마트 세상으로
부모를 클릭한다

효도도 업그레이드 되는가보다

손

발이 포개어졌을 때
은근한 것처럼

손은
혼자 있을 때보다
맞잡았을 때가
훨씬
재밌다

편의점 아저씨

구멍 난 시루에
콩나물이 자라듯

언제까지일지 모르는
한 끼를 공수한다

매일같이
남모르게
쥐어주는 삼각 김밥

어두워진 웃음
절망적인 울음도
잠시 지워지고

고개 숙인 아이가
콩나물처럼 허리를 쭈욱 편다

키다리 아저씨

다리 구부려
꼬마를 바라보는
키다리 아저씨

매달려 응석 피는
꼬마에게
빙긋이 웃어주는
키다리 아저씨

잠든 꼬마의
꿈결에도 다가와
포근히 안아주는
키다리 아저씨

울다가 웃다가 부려놓은
꼬마의 놀잇감도
반짝반짝 닦아주는
키다리 아저씨

누군가를
열심히 들여다보면
키가 쑤욱 자라
나도
키다리 아저씨 될까

설거지 권사님

언제나 그 자리
그릇 닦는 손

그릇 하나 들 힘없었던 기억
탈탈 풀어 담그고

욱 솟았던 기분
녹이고 녹여 꼼꼼 닦고

꿈속에서도
접시는 빙빙 돌고

그럴 때마다
곱은 손가락 깍지 껴
쭉 펴고

늘 젖은 손
설거지 권사님

그릇을 닦으면
얼굴도 닦이는지

먼 발치에서도
환하다

중계동 104마을

사라진 것들과
곧 사라질 것들

골목길의
구부정한 기침들

깨진 화분에서
아직
뿌리들이 겹치고

낡은 의자에 걸터앉은
한 뼘 오후 햇살

뒤척뒤척 시래기 뒤집어 너는
늙은 어머니 손끝
사이로

타이어에 눌러진
지붕 너머
고층아파트 단지
무너질 듯이 올라간 높이

연탄을 나르며

좋은 일
어깨 아프시겠어요

오랜만에
기쁘게 아픕니다

겨울 초입이
덕분에 따뜻합니다

따뜻한 방에서 주무실
누군가를 생각하니
참 좋습니다

상계 3, 4동
연탄 배달한 날
배달 안한 사람들이
더 좋아합니다

바다는

흐르지도
안기지도 못하고
안으로
숨죽이다 그만
찰칵
걸어 닫았다

내 안의
바다는

마누카

열대 야생
봄부터 가을까지
나무에 매달려

유황 증기 삼키며
속눈물 키워내는
꽃

저 가슴 그을린 것도 모르고
남의 속만 달래는
어머니 빼닮은
손

링반데룽의 늪

창 밖에는 흔들리는 나뭇잎뿐
서성대는 길고양이도 그립다

오늘도
하얀 고양이 배가
불렀다가 홀쭉해진 이야기
옆집 차가 보이지 않으니, 이사 갔어,
다시 보이네, 잔금 받으러 왔겠지,
이제 안보이네, 완전히 떠났군,
맥없이 이어지는 연재소설

늙어지면 알까
적막강산을 낚는 하루를

환상방황(環狀彷徨)을 끝내고
탈각하는 그날은
지루한 소설도 털고
목청껏 울지 못했던
매미소리로나 남게 될까

*링반데룽(ringwanderung) :
방향 감각을 잃고 같은 지점을 맴도는 일

상고대

온밤 꼬박
꺼풀 뜨으며
생각을 감다 풀다
흔들리다가

속없이
눈부시다가

가지마다 올라서
얼어붙은 속울음

상고대
누구의 짓무른 이름인지
참 희고 아픈
눈꽃

3부 바람이 불 때면

쥐똥나무 숲길로 오세요

휴식

파도 소리 주고받는 솔숲 길
레일 위로 페달을 밟는다
해풍 삭힌 솔향에 젖어
오수에 든 노인들
정오의 태양 해안을 달리고
바닷새의 발목 간질이는 흰 웃음

쥐똥나무 숲길로 오세요

자신이 문득 작아질 때
쥐똥나무 숲길로 오세요

쥐똥만한 열매를 달고도
탱글탱글한 마음으로
반겨줍니다

동네 강아지들이 슬쩍
영역표시로 애쓸 때
별 같은 꽃향기로 덮어주지요

성가신 발소리도
가슴을 팡팡 치는
응혈짐도
쥐똥나무 숲길에 들면
어느 새 녹아져
함께 걷지요

약에도 못 쓸 쥐똥
한없이 낮은 이름으로
수더분하게 웃는
쥐똥나무 숲길로 오세요

비 묻어간다

비가
기차 타고 떠난다

여행을 마치고서
울커덕 울커덕
제집을 찾아 가는 거다

강우기,
굵었다가 가늘었다가
법석 떠는 빗줄기를 보다가

메마른 마음들도
비 묻어간다

마음 한 자락
뭉텅 비에 실어
그리운 집으로 간다

산국농장

산지기가 심은
사과나무 소출 삼삼하고

떠나는 이에게
노란 산국 향기
뚝뚝 떼어
어깨에 올려놓고

산국농장에서
시간을 부린 당신 혼자
느리게
돌아가는

춘천
산국농장을 아시나요?

단풍제

하늘 가장 가까이서
제를 올린다

떠날 때가 되어서야
제 빛깔 드러낸
서러움이

시끌벅적대다가
산화한다

남기지도 움키지도 않고
다 부서진다

찰랑
그 사랑 눈부시다

길을 찾아

가고 올 수 있어야
길인 걸

길이 아닌데
길이라고 외는 것이나

길 아닌 길을
치닫는 것이나

아무리 곱씹어도
길이 아닌 걸

그래, 길은
서로 마주보며
트는 거야

다랭이 마을 촌부

남해 바람이 좋아
다락논 일구며
살아온 평생
촌부의 웃음이
건강하다

귀하게 내어 놓은
마늘 막걸리가
촌부와 이방인을
밤새도록 녹이고

서포의 유배지가
노도가 아니라는 대목에서
얼쑤
힘이 들어간다

남해 가천 다랭이 마을에
장승이 된 촌부가
'허허허'
이방인의 가슴에
파도를 밀어 넣는다

청산도

하늘이
산과 바다를 안고
양 볼 콕 물더니

산이 하늘이다
하늘이 바다다

느릿느릿
서로를 어룬다

한참을 쳐다보아도
마음 좀체
헤어나지 못하고

엉거주춤
청산도에 머문다

선상낚시

우도 앞 바다
한가운데서

미늘 민 맨 바늘로
하늘과 바다가
빗장을 풀었다

으름장도 없이
파업도 없이
테러도 없이
시를 쓰는 물고기들

제주도 동쪽
우도 앞 바다에 와서야
비로소
빈손을 배운다

정발산

해발 87m
정발산 숲길을 걷다

오후 봄 햇살이
홀가분하다

낯선 기척에 일상이
넌짓 물러서고

야트막 빈터에
개나리 가득
철쭉이 벌써 가득

걷는 곳마다
찔레 아까시 상수리
신갈나무 사방오리나무
쥐똥나무 산팔나무 단풍나무
내처 소나무까지
차례로 가득

누구시냐고 묻지도 않고
모두 한 발 비켜

오르락내리락
가파르지 않게
길을 낸다

조양방직카페

녹슨 방직공장
레일이 멈추고
직공들 사라진 자리에
카페 들어섰다

폐공장
철문을 열고
직조 작업대를
마주하며 차를 마신다

영사기는 돌아가고
무성영화 배우
찰리 채플린은
웃다가 울다가

사진 속
제임스 딘은
여전히 이유 없는 반항아

다 떨어진 고무신
낡은 스케이트

사라진 슬픔도
재생되는
이상한 카페

템스 강(Thames River)

가령
출렁이며 달려오는 기억을
만질 수 있다면

집시의 노래가
당신의 오후를
멈출 수 있다면

그리움이 그리움을
불러내는 곳에서
차오르는 모국어로
출렁일 수 있다면

오래된 젊음으로 밋밋 흐르는
템스 강에
가만가만
내 안의 들것들을
내립니다

세체니 다리(Szecheny Bridge)

다리를 지나는 사람들
다리 위에 머무르는 사람들

부다와 페스트를
부다페스트로 맺어주는 행렬

글루미 선데이와
윤심덕의 사의 찬미가
나부낀다

다뉴브강 물결에 흐르는
사랑과 죽음의 경계

다뉴브강을 가로질러
구시가지와 신시가지를 묶는 선율

수천 개의 불빛
수천 가지 생각의 사슬로
다리를 지나는 사람들을
촘촘히 옭고 있다

톤레샵 호수(The Lake of Tonlé Sap)

캄보디아 톤레샵 호수 끝
긴 수평선이
노을에 물들면

베트남 난민 수상가옥은
부레옥잠화로 피어난다

실뿌리로
둥둥 떠다니다가
터 잡은 곳

One dollar!
One dollar!
One dollar!

외치는 아이들의 절규 속에
무심한 쪽배 놀이객
흔들리는 집들 사이를 기웃거린다

오클랜드 사람

뉴질랜드에 온
북반구 사람

물구나무서서
목자 없는 양떼
날개 없는 키위 새와
마오리족의 연가를
듣다가

남태평양
따가운 햇살이
이마를 태우면

문득
적도 너머
사람살이 가슴앓이 소식에
목이 길어지는 사람

아, 독도의용수비대

한반도 동쪽 끝
해를 먼저 맞는 우리 땅
독도

지원이 없어도
미친 짓이라고 외면해도
우리 땅은 우리가 지킨다

바닷물이 솟구치고 뛰놀아도
이 땅을 넘보는 자에게
한 치도 용납할 수는 없다

"이 땅이 뉘 땅인데!"

3년 8개월 간
33인이 쏟아부은 청춘화포
조준대가 없어도
명중이다

억척스럽게
이 땅을 지켜낸
심장이다

운현궁

운현궁 깊은 뜨락이
어험
기침을 한다

노락당 마른 햇살에
잠 못 이루던 사람
마당 구석에
연적(硯滴) 하나 괴었다

가슴 쓸어
하늘 올려보다 흘린
헛웃음
연적 물 위로
통통 물수제비뜨고

퍼내고 퍼내어도
마르지 않을
연적 안으로
호두나무 한 그루
뭔 사유 그리 무거운가
그림자도 기우뚱

꼿꼿이 붓끝 세우며
잠속에서도 서있었을 사람
기척 없이
백년 지나는 사이

오후 햇살만
엎드려 늘어진다

성게미역국

제주 문상길에 만난
성게미역국

슴슴한 밤바다가
고스란히
성게미역국 사발에
담긴다

함께했던 기억들도
섬섬 풀린다

가슴 저리게
맞아주는 맛
깊고 푸른 제주바다를
삼킨다

4부 오솔길에서

"맨몸으로 낯선 나를 만난다"

하루의 무게

하루의 끝을
휘적휘적 걸었다

아낙들의 수다
어디서나 왁자하고

밤공기
움켰다가 들이키면
불빛이 하나 둘 켜지고
집집이 저녁 준비로 바쁘다

하루치 무게가
두 다리를 타고 내리더니
그새
발이 퉁퉁 부었다

정년(停年)

얽히고설킨 타래
자근자근
풀어갈 일만 보이는데
이제 그만 일어나 가라한다
하던 일 접고

얼굴 돌려 눈 감고
새로운 바람에 몸을 맡기지만

모든 것들이
기댈 사이 없이
서둘러 흐른다

흐름은 오랜 버릇일 것이지만
언제나 낯 두껍게
갑작스럽다

정년,
조금은 멀리서
손짓하는 그대
너무 가까이서
떨고 있는 나

회갑

풍선 달고
고깔 쓰고
울다 웃다
고개 들면

한세월이
한바탕 꿈

짐은 무겁고
갈 길 먼
반환점에서
잠시 쉬어가는 인사

비울 것도 없는데
자꾸 비우라네

버킷리스트

내 인생
마지막 풍경 오롯이 담고
길 떠날 채비

가슴앓이 내려놓고
가슴 뛰는 나를 만난다

머뭇거리지 말고
돌아보지 말고
아직 쓸 만한 시간
아껴가며

맨몸으로
낯선 나를 만난다

오늘이다

촛대봉

다시 이곳에 올 수 있을까

시리게 눈 들어
어둠 속을
훑고

두런두런
다래도 줍고
밤도 줍고

해발 천여 미터
높은 곳에 올라서서
비로소
낮게 사는
이야기도 줍고

한 세월을 돌아와서
생애 단 한 번의
단면 속으로
뚜벅뚜벅
걸어 들어가는 이

촛대봉
솟은 곳에
저문 시간들이
스민다

마시오

엘리베이터를 탔는데
'기대지 마시오.'
글자 위에
사람이 기대어 있다

내 앞에
네가 있는데
사람들은 이렇게 말한다
'만나지 마시오.'

해야 하는 일
잔뜩 쌓아놓고
으름장이다
'딴 짓 마시오.'

어느 날 문득
발만 동동 구르다
아무것도 못했다고

왜 그랬냐고
'묻지 마시오.'

시간의 부피

시간은
많이 가지고 있어야
소중한 것

눈보라 몰아쳐
닳아진 자리에
차곡차곡 쌓아두어야

해묵은 손길로
길을 내고

가끔
끔벅끔벅
옛 생각도 하는 것

생각의 갈피에
곰곰이 앉았다가

툭 털고 떠나는
길손이어도

시간은 부피니까

탈춤마루

아나야-
그랴, 와이

주고받는 목청에 청산이 울려
나그네 발걸음을 멈추게 하고

먼 옛날 불던 훈풍일런가
새들도 깃을 부비는 산마루

스승의 부르심에
발목 벗고 달려가는
그랴, 와이

천고의 신기(神氣)를 따라
서투른 혈기(血氣)로 대어드는
젊은 떨림들

산마루 춤판에선
하늘을 데우는 열기 속에
탈춤마루 영혼들이
제단을 쌓는다

동트는 하늘빛 살려놓고
영혼을 부비면
귓전을 데우는 소리로
청산이 답하고

아나야–
그랴, 와이

신풍류

갤러리
야다하우스는 꿈을 꾼다

지하방에
하늘로 가득 피어오르는
연꽃의 속살

사진인지 그림인지
현실인지 정토인지
새로 단 창문인지

모던한 공간에
옛스러움을 들여놓으니
주거니 받거니
경계가 풀어진다

대금과 가야금이
매기고 받고
재즈피아노가 틈새를 구른다

한도 풀고
눈물도 지우고
대바람 타고 들려주는
'몰랐던 이야기'*

쪼들리고
웅숭그릴지언정
제왕이 부럽지 않은*

경계를 풀고
하늘로 피어오르는
눈물같은 꿈

*조기정 사진전 [몰랐던 이야기]
*신석정 [대바람 소리]에서 인용

반딧불이

반딧불이가 난다
이슬 한 모금 먹고
개똥벌레가 뜬다

애벌레도
번데기도
불을 켰다가 껐다가
깜빡깜빡
이야기한다

반딧불이 잡아
배를 뚝 따서 이마에 문질러
귀신불 놀이하는
동네 머슴아도
이마에 그은 파란 불로
이야기한다

한 세상 살면서
사랑하겠노라
반짝반짝
이야기한다

시평(詩評)

솔직한 울음 순정한 울림으로
초심의 원형을 묻다

박동규
(문학평론가, 서울대 명예교수)

솔직한 울음 순정한 울림으로
초심의 원형을 묻다

박 동 규
(문학평론가, 서울대 명예교수)

1. 박종명 시인의 시집 '봄을 타나요'에 관한 첫인상

박종명 시인의 '봄을 타나요'에 수록된 시편들을 읽으면서 그의 시편들이 마치 박 시인이 나와 만나서 조용하게 말하고 있는듯한 목소리와 표정을 담고 있다는 생각이 들었다. 한참이나 나는 어리둥절하였다. 지난 번 시집에 발문을 쓸 때만 해도 그가 추구하는 시의 내용이 드러난 주제나 기법에 주목하였다면 이번 시집에서는 그런 작품내적 문제가 아니라 박종명 시인이 그가 대학을 다니고 학교생활을 하게 되고 다시 그 교사의 역할을 충실히 해서 교장으로 살아온 긴 교육자로서의 둥둥거리며 감성의 골을 흘러가고 있는 심장의 울림처럼 순간순간 그를 느끼게 하고 흔들리게 하고 가만히 두 손을 모으게 하는 서정적 심정의 체온이 내 마음에 전해졌다. 그런 관점에서 나는 시에 담겨진 그의 삶의 정신과 시와의 상관을 보다 밀접하게 연관하여 그의 정서적 굴곡을 살펴보는 것이 이 시집을 이해하는 데 한 조건이 될 수 있을 것이라는 관점을 설정했다. 그의 '시인의 말'에서 '얼었던 흙이 봄볕 새소리에 움찔'하는 것은 새 생명의 탄생을 가져오는 변환의 순간을 의미하는 것이다. 그의 교사로서의 첫 발을 디딘 순간일 수도 있고 그가 문학의 길에 들어선 것일 수도 있다. 이 첫 발은 삶의 또 다른 무대인 그대와의 조우일 수 있다. 그리고 이 첫 발로부터 그는 울음을 안게 된다고 고백하고 있다. '그대와 나 시선 닿는 곳마다 솟는 울음'으로 이어진다. 그는 한 번도 다른 세상의 길을 간 적 없이 교단에 매달렸다. 그런데도 그는 '시선'이 닿는 것마다 '울음'이 막아선 것을 고백하고 있다. 이 '울음'은 그의 열정의 비명이었고 좀 더 나은 세계로 가려는 의지가 주는 '삐걱거림'의 아픔에 대한 고통의 숨결이었다. 그러나 이 '울음'은 좌절의 주저앉음이 아니라 그가 최선을 다해 자신을 채찍질하며 세워가려는 요동으로 승화하고 있다. '울음소리에 비로소 트는 한 칸 마음 길'이 마련되었다는 조금은 안도의 숨결을 내뱉고 있다. 나는 박 시인의 이 고백이 의미하는 '울음'의 내포는 그가 온몸으로 껴안고 살아온 삶에 대한 속마음의 어쩔 수 없는 소리라 생각하기에 그의 시를 이런 시각에서 접근해 보고자 한다. 내 이 글이 서평이기를 바라기보다는 박종명 시인의 문학과 삶의 상관을 살펴보는 안내서가 되기를 바란다.

2. 박종명 시인의 '봄'과 자연과의 교감세계

이번 시집의 표제가 '봄을 타나요'하는 물음표로 시작하고 있다. 이 물음은 땅이 녹고 새 생명이 움트는 봄의 정취를 느끼느냐는 뜻이겠지만 이보다는 오히려 항상 초심의 원형을 기억하고 있느냐는 물음으로도 느껴질 수 있다. 그의 시 '봄을 타나요?' 보자.

얼었던 흙이 풀릴 때쯤이면
마음 길 트일까요?

기억 한 잎만으로
닫힌 문을 두드립니다

손톱 뜯으며 썼다가 지우는
이력서 여백 위로
찬비 내리는 소리 고이고

열린 창문 틈으로 비집는 봄새 몇
작은 눈 맞추면
눌렀던 울음 터질까요?

마음도 이골이 나서
이젠 기울지 말라고 합니다
기댈 것 없이 사라진 시간
그저 비우라고 합니다

물관을 열고
밤새 길어올리면
늦깎이 상처까지 어쩌면
아슴아슴 아물까요?

당신도 봄을 타나요?

— 봄을 타나요? (전문) —

 이 시는 회상의 형식으로 되어 있다. 그러나 이 시는 회상의 길에 던져진 자아를 의미하는 것은 아니다. '얼었던 흙이 풀릴 때'라는 시간의 조건을 가지고 있다. 이 시간은 봄이라는 계절을 지칭하고 있지만 그 속에는 새롭게 생명의 탄생을 의미하는 변신의 시간임을 보여주고 있다.

절망의 끝에 매달려 번민하던 시절에서 탈출하는 변신 아니면 이루어지지 않는 것에 대한 간절한 기원이 껍질을 깨고 일어서서 새순이 겪는 아픔처럼 울음으로 그려지는 희망을 담고 있는 것이다. '손톱을 뜯으며 썼다가 지우는' 이 시간도 '이력서 여백 위로 찬비 내리는 소리 고이고'에서 찾을 수 있는 미래에 대한 암울한 어둠을 헤쳐 가는 과정이 바로 봄이라는 것을 예감하지 않고서는 극복할 수 없었음을 밝혀주는 것이다. 세상으로 나가는 첫걸음에서 써야 하는 이력서는 글자 하나에도 혼이 깃든다. 그러기에 절망이 아닌 내일로 가는 길의 징표가 되는 것이다. 그렇게 시작한 박 시인이 의지하고 기댈 수 있는 조력의 언덕도 없이 벌판으로 나와 외길로 달려온 지금 '물관을 열고 밤새 길어올리면 늦깎이 상처까지 어쩌면 아슴아슴 아물까요?' 하는 물음은 역설적이라고 할 수 있다. 봄이 오면 알 수 없는 지난날 밤새 물을 길어 올리며 견뎌냈던 삶의 역정에서 입은 상처를 치유할 수 있겠느냐고 묻기보다는 오히려 봄이 주는 예감을 통해서 새롭게 하루를 달리 바라볼 수 있는 힘을 얻게 되는 것이 아니겠느냐는 권유적 의미가 짙다. 이는 세월이 지나 비우라고 하는 시간영역이 던져지더라도 봄을 타는 미묘한 감촉만으로도 새 삶의 희망이 솟아나지 않겠느냐는 뜻이 된다. 박 시인이 그의 삶을 되돌아보면서 느끼는 마감조차 봄으로 치유하고자 하는 의지를 보면서 그가 얼마나 울음의 터널을 견디어 왔는가를 알아볼 수 있다. 이러한 그의 정신이 보다 선명하게 보이는 것은 '쥐똥나무 숲길로 오세요'이다.

자신이 문득 작아질 때
쥐똥나무 숲길로 오세요

쥐똥만한 열매를 달고도
탱글탱글한 마음으로
반겨줍니다

동네 강아지들이 슬쩍
영역표시로 애쓸 때
별 같은 꽃향기로 덮어주지요

성가신 발소리도
가슴을 팡팡 치는
응혈짐도
쥐똥나무 숲길에 들면
어느 새 녹아져
함께 걷지요

약에도 못 쓸 쥐똥
한없이 낮은 이름으로

수더분하게 웃는
쥐똥나무 숲길로 오세요

– 쥐똥나무 숲길로 오세요 (전문) –

이 시의 묘미는 권유형이라는 점이다. 그는 같은 교직에 있는 동료들과 함께 문학단체를 조직해서 꾸준히 이끌어 왔다. 문학 공부를 해보자는 취지로 엮어서 모임을 가지는 것은 결코 쉬운 일이 아니다. 그의 인품을 보게 하는 사회적 성향이다. 이 '쥐똥나무'는 그런 그의 성향을 그대로 드러내고 있다. '자아충전'의 기회를 쥐똥나무 숲길은 제공한다. '문득 작아지는 자아'를 발견할 때 위로와 용기를 주는 숲길에 대한 시인의 감성은 너무도 구체적이다. '쥐똥만한 열매를 달고도 탱글탱글한 마음'으로 반겨주는 위로는 어깨동무하는 친구처럼 살아있는 기쁨을 맛보게 한다. '동네 강아지'가 영역표시를 하는 어지러운 자리까지 '별 같은 꽃향기'로 덮어주는 것은 무상의 용서를 말하는 것이다. '성가신 발소리' 가슴을 팡팡 치는 응헐짐'도 녹아내리게 한다는 것은 삶에서 받게 되는 부당함도 가슴에 맺힌 한스러움도 녹아내리게 한다는 것은 같은 처지의 낮은 자리에서 자랑할 것 없는 자잘한 열매의 손으로 함께 살아가는 이들을 포용하는 따뜻함을 지니고 있다는 뜻도 될 것이다. '약에도 못 쓸 쥐똥'이 낮은 이름이지만 '수

더분하게 웃는' 정성껏 펼쳐주는 함께함의 어깨동무를 마음을 열고 위로를 받아보기를 권유하는 것이 시인의 가슴이다. 이 시에서 바로 박 시인이 품은 삶 정신이 얼마나 소박한 것인가를 새삼 발견하게 되지만 그보다도 소중한 것은 낮은 곳에 발을 대고 있는 한 인간의 형상을 발견하게 된다는 점이다. 우리는 무엇인가 나에게 현시적 이로움이 있고 내 삶의 풍요와 연관된 것에 현혹되지만 쥐똥나무의 소박한 진실이 지닌 의미는 무엇이 참됨인가를 깨닫게 하는 힘이 있는 것이다. 박 시인에게 있어서 자연과의 교감은 비록 교훈적인 성격이 강하게 느껴질 수도 있지만 참된 인간세계의 가치를 바라보는 누구이 무엇인가를 말해주는 것이기도 하다. 쥐똥나무 숲길이 주는, 마음에서 우러나는 반가움의 '친화감', 어쩔 수 없이 생활의 영역에서 범할 수밖에 없는 실수까지도 너그럽게 '안아주는 포근함' 또는 응혈로 맺어진 견뎌야 했던 혼자만의 삭힘의 상처까지도 녹아내려 함께하는 동반자의식에 이르기까지 쥐똥나무의 이름처럼 낮은 이름으로도 아름다운 세상으로 어울려 살아가는 정신이 바로 시인의 내면에 있는 자연과의 진정한 교섭에서 얻은 '봄'의 참의미라 할 수 있다. 그래서 그는 사회봉사단체에 참가해서 오랫동안 연탄을 나르고 함께 살아가는 지혜를 모으며 왔다.

3. 사랑하는 가족과 삶의 전망

박종명 시인은 참 부지런한 선생님이다. 그는 쉴 새 없이 살아왔다. 마치 대나무 숲에서 뿌리가 번져 마을로 들어오는 바람을 막아 큰 병풍을 이루듯이 그는 중학교 교사로 시작하여 중학교 교장, 고등학교 교장에 이르기까지 성장의 매듭은 하늘로 지향하고 있다. 그러던 그가 마음에 품고 살아왔던 시인이 되어 첫 시집을 발간했을 때 시집 출판기념회에 갔다. 그가 온 가족과 함께 기념사진을 찍는 것을 보았다. 박 시인 둘레를 가득 메운 가족들을 보면서 그의 시작생활이 그만을 위한 시를 쓰는 일이 아니었음을 알았다. 그의 첫 시집은 그의 가족의 품에서 서로 껴안고 비비고 엉켜 살아온 보람의 꽃바구니였다. 그리고 그가 하는 일은 교직이든 시인이든 자랑스럽고 당당한 삶의 희망찬 성취의 계단이었다. 이는 가족과 함께하는 행복이 만들어내는 삶의 밝은 세계를 그는 알고 있기 때문에 이룬 것이라 생각한다. 그의 시 '하루의 무게'를 보자.

하루의 끝을
휘적휘적 걸었다

아낙들의 수다
어디서나 왁자하고

밤공기
움켰다가 들이키면
불빛이 하나 둘 켜지고
집집이 저녁 준비로 바쁘다

하루치 무게가
두 다리를 타고 내리더니
그새
발이 퉁퉁 부었다

- 하루의 무게 (전문) -

저녁준비가 바쁜 시간 귀가하여 보니 '발이 퉁퉁 부었다'고 고백한다. 아무런 장식적 수사도 없이 퉁퉁 부은 발만을 한 편의 시편 안에 내민 것은 하루를 성실하게 살아간 이들이 갖는 희열일 수도 있다. 아니면 고달프게 살아가는 이들의 고난의 상징일 수도 있다. 그러나 이 시에서는 불빛이 하나 둘 켜지는 집으로 돌아가서야 하루치의 무게만큼 부어오른 발을 보게 된다. 이는 가족의 품으로 돌아와 발견하게 되는 자아의 한 형상이면서 무엇 때문에 발이 부어있는가를 살펴보게 된 참으로 눈물겨운 영상이다. 나 역시 힘들게 하루를 지내고 집에 들어와 양말을 벗어보면 다리에 움푹 파인 자리가 선명하게 드러난 것을 볼 때가 있다. 집 밖에 나가 일하느라고 보지 못한 내 삶의 움푹 파진 고난의 흔적이다. 그러면서도 이 흔적이 가족의 품 안에서 비로소 드러난다는 점을 시인은 알고 있는 것이다. 그뿐만 아니다. 시인의 혈연을 통해 얻은 체험은 자아의 정체성에 대한 정확한 확인임을 보여준다. '동행'을 보자.

여섯 살 때였나 보다
집에 있기 심심해서
맨날 아버지 가게에 갔다

저녁이면
엄마랑 집에 돌아오는데
그날따라
자꾸 눈이 감겼다

걷다가 그냥 눈을 감으면
허튼 데로 빠져서
죽을 것만 같아서

난 엄마 허리를
꽉 붙잡아야
눈을 감았다

그때부터
엄마가 가자는 곳
그게 어디든지

나는
눈감고 따라간다

— 동행 (전문) —

　이 시에서 표면에 드러난 내용은 어머니와 집으로 돌아갈 때 눈이 감겨서 어디 구덩이에라도 빠질 것 같지만 어머니 뒤에서 허리를 붙들고 눈을 감고 갔다는 것밖에 없다. 그리고 '그때부터 엄마가 가자는 곳 그게 어디든지' 눈을 감고 다녔다는 사연을 보여준다. 이 작은 사건 하나가 '엄마와 나' 사이를 엮는 끊어지지 않는 밧줄이 되어 '눈 감고도 갈 수 있는' 믿음의 행로를 마음에 담게 되는 것이다. 이런 표면 뒤에서는 박 시인이 가진 생명의식의 바탕이 숨어 있다. 박 시인은 가족 간의 유대에 대한 굳건한 믿음이 바탕이 되어 부모와 나 사이 혹은 나와 자식 사이에 이어진 핏줄이 서로의 믿음으로 만든 단단한 밧줄로 엮어져서 인간다움의 고결함을 창출하고 이에 대한 겸허한 수용을 삶의 이상으로 삼아 살아가게 된다는 뜻이 된다. 이런 가족관의 정립이 박 시인에게는 모든 삶의 원동력으로 작

동하고 있음을 알 수 있다. 그러나 그의 의지와는 달리 마음속에 현실을 영위하는 동안 겪어야 하는 내면의 고통은 오히려 그가 짊어진 숙명적 자아성찰의 무게였고 이 무게를 이겨내는 요동의 소리가 바로 '울음'이었음을 이제 밝히고 있다. 따라서 그의 울음은 어떻게 외길에 서서 후회 없이 울면서 견디어 왔는가를 밝히는 가장 작은 단서이지만 그의 '전나무'의 시에서 보여주는 의지적 지향을 생각해볼 수 있다. '지음(知音)'을 보자.

눈빛만으로도
골 깊은 주름 속에서
생각을 짚어내고

옷자락만 살짝 들려도
속살을 느끼고

바람 소리 가벼워도
이는 마음까지
낱낱 들여다보는

그대

― 지음(知音) (전문) ―

이 시를 읽으며 깜짝 놀랐다. 박 시인의 보이지 않는 공간에서의 감각을 통해 교류하는 미묘한 감정의 신호를 감지하는 때묻지 않은 속마음을 보면서였다. 나의 놀라움은 간명하다. 눈빛 혹은 주름 속에 담겨진 의미를 수용하여 의미층계를 넓혀나간 것을 보고 그가 얼마나 때묻지 않은 감각판을 가지고 있는지를 알게 되어 놀라울 뿐이다. 나이가 들면서 굳어져 가는 피부처럼 마음도 세월의 풍파 속에 마모되기 마련이다. 그럼에도 불구하고 박 시인의 살아 숨 쉬는 예민한 감성의 원천은 무엇일까. 그는 한평생을 학생들만 보고 살았다. 학생이라는 어린 생명을 보고 살았다는 말이 된다. 그러기에 그는 이 어린 학생이 지닌 감성의 순결성을 그대로 간직한 것이 아닌가 짐작하지만 그보다는 그가 지닌 긍정의 삶 인식이 세속의 뿌연 먼지를 씻어내 버리고 있었다고 말하는 것이 정확할 것이다. 이 시에서 보듯 음의 신호를 변환하여 형상의 이미지로 소리를 감지하여 의미로 해독하는 일은 박 시인이 집중적으로 귀를 기울여온 결과라 할 것이다. 시 창작의 시각으로 볼 때 서정적 접근 방식이 유용한 도구가 되어 있다. 시인은 이를 삶에 있어서 유대관계의 핵심인 가족이라는 형상에 투사하였을 것이다. 이는 서정시의 한 원리인 동일성의 기법과 연결된다. 자아와 사물사이에 자아가 사물과 같아지고자 하는 욕망이 바로 서정적 자아의 성립을 가져오듯이 그의 사회 안에 함께하는 이와 같아지고자 하는 동일성의 속성이 그를 내 안에 가두지 않고 외연을 넓혀가게 한 것이다.

4. 박종명 시인의 '집짓기'와 시의 전망

　　박종명 시인은 항상 의욕적이다. 나이나 환경에 관계없이 오늘보다 나은 내일을 꿈꾼다. 그런 면에서 두 번째 시집에서 찾을 수 있는 '집짓기'라는 시편을 주목해볼 필요가 있다.

　　　속내 탈탈 털어내고
　　　비운 마음자리에 터 잡아
　　　반듯하게 고르고
　　　지경다지기를 한다

　　　뜰을 만들어 토단을 다지고
　　　앉은 그 자리에 주춧돌 놓고
　　　기울지 않게 기둥 각을 세운다

　　　소낙비 맞으며
　　　한여름 견뎌낸 이야기
　　　꼭꼭 다져 들여놓고
　　　마룻대 올리다 보면

미처 들이지 못한
사연
가물가물 피고

거두지 않은 발싸심
와르르 기반 흔들릴까
조바심 나고

사람 하나 마음에 짓는 일이
되다

- 집짓기 (전문) -

 이 시는 집짓는 일에 비유하여 그린 박 시인의 생명 이야기를 솔직하게 드러낸 시편이라 할 것이다. 살금살금 고양이처럼 하나하나 그의 집을 설계하고 지어가는 동안 얼마나 마음의 짐이 되었겠나. 그가 지은 집은 실제적 집이 아니다. 누구도 알 수 없는 마음속 깊은 곳에 숨어 있는 집이다. 이 집은 그가 원하는 생명가치를 이루어내고자 한 보이지 않는 그의 청백한 집이다. 이 집을 가진다는 것은 그만의 인간다움 완성을 의미한다. '사람 하나'로 살기 위한 처절한 그의 심정적 노력이 그대로 드러나 있다. 지금이 있기까지 아무도 그의 이 집을 보지 못했다. 그의 시를 통해 세상에 내놓는 그의 집은 사람이 사는 집이다. 평범

하지만 사람이 산다는 것만으로도 알 수 있을 것이다. 사람이 해야 하는 짓을 하고 산다는 것이 얼마나 어려운가. 그는 이제 이 자리에서 돌아보고 있다. 그러면서도 그는 버킷리스트를 가지고 있다. 그의 시 '버킷리스트'를 보자.

내 인생
마지막 풍경 오롯이 담고
길 떠날 채비

가슴앓이 내려놓고
가슴 뛰는 나를 만난다

머뭇거리지 말고
돌아보지 말고
아직 쓸 만한 시간
아껴가며

맨몸으로
낯선 나를 만난다

오늘이다

— 버킷리스트 (전문) —

이 '버킷리스트'는 낯선 나를 찾아 떠나가고자 하는 욕망을 담고자 한다. 바로 '오늘'이라는 시간에서 낯선 나를 만나는 것은 '길 떠날 채비'를 하는 순간이다. 박 시인에게 있어서 낯선 나의 존재를 나는 알 수 없다. 그러나 그가 서정적 감성의 확장을 통해 또 다른 나를 만나거나 아니면 낯선 새로운 들판에 서더라도 그는 분명 그가 걸어온 외줄타기의 현란한 곡예를 멈출 것 같지 않다. 이 외줄은 그의 마음에 세워진 집안에서 얻어지는 것이기에 나는 두 번째 시집에서 보여준 솔직하게 꾸미지 않은 진실함이 언제나 길잡이가 되리라 생각한다. 그의 낯선 얼굴을 기다리며 항상 내가 박 시인에게 느끼던 밝고 맑고 씩씩한 어린 학생의 모습을 간직하기를 바란다. 시는 사람이기 때문이다.

심상의 시

1 해바라기 幻想 — 권달웅
2 방어진 詩篇 — 金成春
3 落葉으로 돌아와서 — 愼協
4 空閑地 — 李明洙
5 그림자의 그늘 — 李太洙
6 이 땅에 비오는 날은 — 韓光九
7 西歸浦 — 韓箕八
8 빈 집을 지키며 — 조창환
9 소리를 테마로 한 세 편의 시 — 趙宇星
10 꿈과 희망 사이 — 李東震
11 불꽃놀이 — 尹岡老
12 바다에 누워 — 朴海水
13 狂馬集 — 馬光洙
14 근심하는 나의 별에게 — 金恩子
15 수숫대의 꿈 — 황근식
16 揷矯川 — 金榮晚
17 바람이 접시에 닿고 있을 때 — 辛承根
18 盆地 — 安慶嬿
19 여름산에 올라 — 조의홍
20 금시내 안 마을에 부는 바람 — 李時淵
21 水夫의 깊은 잠 — 辛基燮
22 광나무 散調 — 鄭在晧
23 늪이 늪에 젖듯이 — 文寅洙
24 까마귀의 섬 — 洪周希
25 하얀 입김으로 — 林承天
26 퀄 퀄 퀄 물소리 — 朴在烈
27 서 있는 바다 — 林海水
28 대보름날 해방촌 — 林知賢
29 빛 더듬이 — 李東熙
30 아내의 섬 — 金榮晚
31 밤나무는 여기 참나무는 저기 — 신술래
32 마음 한자락 — 白叔泉

33 말, 말 — 閔庚大
34 슬픔 그 껍질을 벗기면 — 박만진
35 몸풀리는 바다는 햇살에 감겨 — 姜景勳
36 그대 사는 마을의 불빛은 — 송유미
37 그리운 花島 — 문영
38 안개, 그 사랑법 — 홍일표
39 木琴타는 숲 그늘에서 — 金良銹
40 빈 산을 오르며 — 崔松
41 여덟 송이 꽃봉오리 — 박종수
42 陽地로만 흐르는 江 — 반병섭
43 하늘에 심는 마음 — 김황희
44 겨울 가로수 — 진의하
45 밤꽃 피는 계절이 오면 — 申美澈
46 동짓달 미나리 — 이월춘
47 새들은 죽은 나무에 집을 짓지 않는다 — 이근대
48 時間의 섬 — 김욱경
49 사랑序曲 — 양효원
50 겨울눈망울 — 김준우
51 내 가슴에 피어 있는 여덟 송이 꽃 — 박종수
52 화산 — 김윤호
53 온라인으로 도착한 슬픔 — 박성호
54 걸어 다니는 명당 — 구중회
55 겨울 장미는 춥지 않다 — 이경
56 인플루엔자, 난폭한 그리움 — 이희정
57 겨울나무 — 문상금
58 새벽 木船에 기대어 — 金光子
59 무인카메라 — 조주숙
60 물수제비 뜨는 오후 — 하두자
61 우체통이 있는 길목에서 — 유희
62 내 영혼의 경작지 — 박상옥
63 不隱의 季節 — 김대두
64 저문길은 나에게 뻗어 있다 — 허금주

심상의 시

65 어미거미의 외출 — 김혜원
66 소나무는 바위에 뿌리를 박는다 — 박무웅
67 전화벨은 은행잎처럼 떨어진다 — 이경자
68 낮은 목소리의 사랑 — 배혜옥
69 돌아온 시간은 빛이 된다 — 김문정
70 네 안에 약속이고 싶다 — 박인식
71 그림자라도 보고 싶은 날에는 — 서정숙
72 풀꽃 그 간지러움에 관하여 — 송복례
73 까치는 울지 않는다 — 김인길
74 문을 두드린다 — 배혜옥
75 無人의 雲上에서(나의 천일기도) — 서정숙
76 어레미로 본 세상 — 신표균
77 아버지의 분홍일기장 — 박향숙
78 사랑 한번 안 해본 것처럼 — 박종명
79 보리와 기도 — 안석근
80 차라리 돌이 될 것을 — 이승재
81 홍시(紅柿) — 김종근
82 길이 낯설다 — 김용덕
83 몬트리올 사람들 — 변은숙
84 별이 피어나는 마을 — 고길자
85 점 하나의 예술 — 신옥진
86 별이 내려와 앉은 자리 — 정옥화
87 투루판 사막의 낙타 — 한경경
88 모로 누운 바다 — 양문정
89 그 많은 세떼들 다 어디로 갔을까 — 조정자
90 두 손을 모으고 — 신영자
91 댓잎 위에 내리는 눈 — 김인길
92 형제봉(兄弟峰) — 황국태
93 멈추고 싶은 시간 — 백성일
94 초원을 지나며 — 김병택
95 자작나무의 방향계 — 김장순
96 탐보마차이 잉카 남자의 눈빛 — 한경경
97 흔들림 — 목혜자
98 님이 오시는 날 — 정옥화
99 버선발 — 송준호
100 베로니카의 수채화 — 권영자
101 동행 — 가재모 · 신숙자
102 갈대 은빛 목소리의 당신아 — 배혜옥
103 바람이었다 — 백성일
104 봄을 타나요 — 박종명